PIERROT - BARON

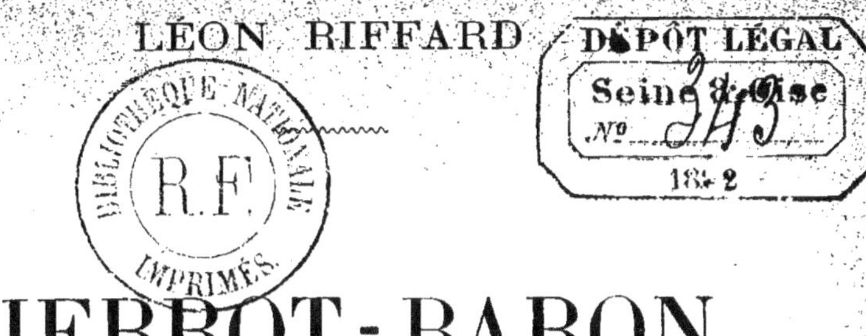

PIERROT - BARON

COMÉDIE EN VERS

(UN ACTE)

MEULAN

IMPRIMERIE DE A. MASSON

—

1892

PERSONNAGES :

PIERROT.

ARLEQUIN.

ALCOFRIBAS.

POLICHINELLE.

PIERRETTE, Amante de Pierrot.

COLOMBINE, Amante d'Arlequin.

JEAN, domestique.

PAUL,   id.

PIERROT-BARON

La scène représente une salle du château qui sert à la fois de salon de travail et de salle à manger pour le déjeuner du matin.

Au fond, grande porte qui s'ouvre sur une vérandah vitrée par où l'on aperçoit les pelouses du parc ornées de corbeilles de fleurs et de massifs de verdure.

A droite, premier plan, la porte de la chambre de Mme la Baronne ; deuxième plan, la porte du cabinet de M. le Baron. A gauche, premier plan, la porte de la salle à manger ; deuxième plan, l'entrée d'une galerie conduisant au grand escalier et aux salles de réception. Au lever du rideau, les hôtes du château sont en train de déjeuner.

SCÈNE Ire

Le Baron PIERROT, PIERRETTE, COLOMBINE, ARLEQUIN assis à table, JEAN, debout, derrière le fauteuil du Baron.

PIERROT

Jean !

JEAN

Monsieur le Baron veut du vin blanc ?

PIERROT

Parbleu !

L'huître s'arrose-t-elle avec du petit bleu,
Imbécile ?

ARLEQUIN

Pour moi, le régal serait terne
Si je ne l'animais de deux doigts de Sauterne.

PIERROT *portant une huître à sa bouche*

Que j'aime ce mollusque ainsi frangé de vert,
Avec ce frais jabot plissé comme dentelle !
(A Jean) Du citron !...

JEAN

Du citron ! *il se précipite à la recherche d'un citron*

PIERROT

Eh ! oui, quelle cervelle !

PIERRETTE

C'est un bon garçon...

PIERROT *riant*

Oui, mais il n'est pas ouvert.

PIERRETTE

Ne vous en plaignez pas !

COLOMBINE

C'est merveilleuse chose,
Un serviteur discret : toujours coquille close !

PIERROT

Une perle !... en dedans.

JEAN *qui n'a entendu que la dernière syllabe*

Monsieur veut du vin blanc ?

PIERROT

Non, je ne veux plus rien, ô Jean ! reste à ton banc.
Te plaît-il, Arlequin, une autre côtelette ?

ARLEQUIN (*la bouche pleine*)

Je veux bien. Trois couplets pour une chansonnette,
C'est normal...

PIERROT

C'est trop court... un chanteur tel que toi !...
Je n'ai pas dit mangeur.

ARLEQUIN

Tu te moques de moi.

PIERROT

Je t'assure que non. Quand tu chantes « *la Coupe* »
D'une si belle voix, d'un ton...

ARLEQUIN

Ça te la coupe !

ALCOFRIBAS *avec enthousiasme*

Et moi donc ! C'est si beau, cet *amour infini*
Qui voudrait *vivre heureux, souriant et béni !*
L'amour n'est pas l'amour...

PIERROT

Voyons, as-tu fini ?

ALCOFRIBAS

L'amour n'est pas l'amour...

PIERROT

Tiens, veux-tu du fromage ?

ALCOFRIBAS

Je n'en mange jamais.

PIERROT

Est-on bête à cet âge !

ALCOFRIBAS

L'amour n'est pas l'amour, s'il n'est pas infini
Et s'il n'est pas...

COLOMBINE

Quoi donc ?

ALCOFRIBAS

Et s'il n'est pas béni !

PIERRETTE

Vous adorez cet air ?

ALCOFRIBAS

J'adore cette image
Et la suavité de ce divin langage.
Le véritable amour est plus fort que la mort
C'est Bourget qui l'a dit...

ARLEQUIN

Excellent roquefort
Qui veut être mouillé d'un doigt de Léoville !

JEAN

Monsieur veut du vin blanc ?

ARLEQUIN

Pas du tout, imbécile !

PIERROT

Le Léoville est rouge... un grand crû de Bordeaux.

ARLEQUIN

Comme le Chambertin, le Palmer, le Margaux....

PIERROT

Erreur, le Chambertin est un vin de Bourgogne,
Le plus digne, à mon sens, de barbouiller ta trogne !

ARLEQUIN

Merci. Mais j'aime mieux, pour moi, le Malaga :
Ça vous sent le goudron !

PIERROT

Faut-il être gaga !...
J'en avais acheté pour le *Pavot Magique*.

ARLEQUIN

Je crois bien. J'en buvais dans l'arrière-boutique.

ALCOFRIBAS

Ah ! pour ça, c'est exact ! Il ne s'en privait pas.

ARLEQUIN

Et j'avais bien raison. Souvenir plein d'appas !
Pauvre *Pavot Magique*, il fit notre fortune !

PIERROT

Dix millions tombés, en un an, de la Lune !

ARLEQUIN

Et cette humble cabane....

PIERROT

Avec tours et créneaux !

ARLEQUIN

Et notre aimable ru....

PIERROT

Dont les limpides eaux
Ne coulèrent jamais, quoi qu'on dise, en Espagne !

ARLEQUIN

Et la vie au plein air !

PIERROT

La paix de la campagne !

COLOMBINE

Trop de paix !

PIERROT

Et les blés, les bleuets, les glaïeuls !

ARLEQUIN

Et l'aimable rien faire à l'ombre des tilleuls !

PIERROT

Et le songer sans fin, le rêve délectable !

ARLEQUIN

Et le sommeil, plus doux peut-être que la table !

PIERROT

Le repos enfin, quoi ! *trésor si précieux*
Qu'on en faisait jadis un attribut des Dieux !
Un grand homme l'a dit dans ses rimes maîtresses.

PIERRETTE

Mais on n'en faisait pas l'attribut des déesses !

PIERROT

Ah ! s'il nous faut encor quereller, reprocher,
Moi, je vais à la chasse...

ARLEQUIN

.... Et moi, je vais pêcher.

(Exeunt).

SCÈNE II

PIERRETTE, COLOMBINE, ALCOFRIBAS

ALCOFRIBAS

Bon. Et moi ?

COLOMBINE

Toi, tu vas nous faire la lecture;
Nous dire des bons mots, narrer quelque aventure,
Et nous mettre au courant de tous les racontars
Qui prennent leurs ébats sur les grands boulevards
De la Chaussée d'Antin aux abords du Gymnase....
Et tu sais, le mot net, toujours, sans périphrase !
Car l'on s'ennuie ici !.. Nous voulons tout savoir :
Nouvelles du théâtre et surtout des coulisses
Les *premières* d'abord, et puis les *bénéfices*
Ce que disaient hier, à telle heure, le soir,
Les Membres du grand A, les clients du Chat noir
Et les habitués du foyer de la danse....

ALCOFRIBAS

Mais je n'y mis jamais les pieds.

COLOMBINE

Quelle imprudence !
Tu vivais à Paris, et n'en profitais pas.
Eh bien, ça ne fait rien, tu liras le *Gil-Blas,*
L'*Echo,* le *Figaro...*

ALCOFRIBAS

Bien volontiers, Madame,

Mais le courrier n'est pas arrivé.

COLOMBINE

Sur mon âme,
Si ça dure, il faudra révoquer le facteur.

ALCOFRIBAS

Et puis mon examen ?...

COLOMBINE

Ton examen, farceur !
C'est pour te préparer à cette grande épreuve
Que tu lisais hier des vers de Sainte-Beuve,
Et ce matin, Musset !...

PIERRETTE

Ah ! vous lisiez Musset.

ALCOFRIBAS

C'est mon meilleur ami.... mon livre de chevet,
Et souvent le matin je le mets dans ma poche.

COLOMBINE

Certes, ce n'est pas moi qui vous en fais reproche !...
Et dans ce moment-ci que lisez-vous ?

ALCOFRIBAS

Je lis...

PIERRETTE

Quoi donc ?

ALCOFRIBAS

Le Chandelier.

PIERRETTE

Les vers sont bien jolis....

ALCOFRIBAS

Ce ne sont pas des vers.

PIERRETTE

Et la chanson à boire ?
Si vous l'avez encor présente à la mémoire
Vous nous la chanterez.

ALCOFRIBAS

Moi, je n'oserais pas.

COLOMBINE

C'est donc leste ?

AICOFRIBAS

Oh non !

COLOMBINE

Dam ! à la fin d'un repas....

ALCOFRIBAS

Cet air-là... n'a pas l'air de ressembler aux autres.

PIERRETTE *à Colombine*

Il ne ressemble pas certainement aux vôtres :
C'est jeune, c'est naïf, c'est frais, c'est bleu, c'est pur !

COLOMBINE

C'est cueilli dans les blés !

PIERRETTE

Juste.

ALCOFRIBAS

Un bouton d'azur
Que l'aube en se levant a mouillé d'une larme !

PIERRETTE

La larme s'est figée au froid.

COLOMBINE

Voyez le charme !

PIERRETTE

Et la première brise en secouant la fleur
A fait tomber dans l'herbe une perle...

ALCOFRIBAS

Une sœur !

PIERRETTE

Ah ! pour le coup, voilà de fine poésie !
Algèbre, qui l'eût cru ?

COLOMBINE

Qui l'eût dit, ô Chimie ?

ALCOFRIBAS

Mais, Madame, après tout, le mot est fort banal.

PIERRETTE

Sans doute. Et pour ma part, je n'y vois aucun mal....

COLOMBINE

Au contraire.

SCÈNE III

Les Mêmes, JEAN

JEAN

Un monsieur, qu'il ne faut pas qu'on nomme
Vous attend au salon, Madame.

PIERRETTE

Mais quel homme

Est-ce donc? Va, dis-lui que je ne reçois pas.

JEAN

Il vient de Paris.

PIERRETTE

Ah !... Bien, j'y vais de ce pas.

SCÈNE IV

COLOMBINE, ALCOFRIBAS

ALCOFRIBAS

Je crains bien d'avoir dit encor quelque sottise.

COLOMBINE

Non, c'est propos d'enfant. Une simple bêtise...
Les femmes sont les sœurs des perles, c'est connu.

ALCOFRIBAS

Et c'est vrai !

COLOMBINE

Mais quel est cet illustre inconnu ?...

ALCOFRIBAS

Un obscur importun. Il en vient par douzaine !
Je n'attends rien de bon des rives de la Seine.

COLOMBINE

Vous voulez un grand mal à ce pauvre Paris ?

ALCOFRIBAS

Comment le regretter en ce cher Paradis
Où je me trouve heureux ?

COLOMBINE

Un Paradis sans Ève !

ALCOFRIBAS

Sans Eve, oh non !

COLOMBINE

Alors, vous la voyez en rêve.

ALCOFRIBAS

L'Eden n'avait qu'une Eve, et nous en avons deux :
L'Eve à la boucle blonde, et l'Eve aux noirs cheveux.

COLOMBINE

Vous retombez encor dans la galanterie
En partie double ! Aussi n'est-ce pas dangereux...
Heureusement, mon bon !

ALCOFRIBAS

Toujours la moquerie !

COLOMBINE

Mais aussi que penser d'un pareil amoureux
Qui veut s'enamourer, et ne sait où se prendre ?
Il faut choisir pourtant, c'est facile à comprendre.

ALCOFRIBAS

Mais je n'aime que vous.

COLOMBINE

Oui, oui ! je sais cela
On m'aime en ce moment... Parce que je suis là !
Mais que je n'y sois plus, ce sera *la Baronne.*

ALCOFRIBAS

J'ai de l'affection pour elle... elle est si bonne !
Mais je n'aime que vous.

COLOMBINE

Bah !

ALCOFRIBAS

C'est bien différent.

COLOMBINE

Dire qu'il en a dit à d'autres tout autant.

ALCOFRIBAS

Non ! Pour vous posséder je donnerais....

COLOMBINE

L'Espagne !

Et même le Pérou ! Mais la chère campagne
Où vous vous dorlotez sous couleur d'examen,
S'il fallait la quitter, que diriez-vous ?

ALCOFRIBAS

Amen.

Ah ! rien n'est comparable à mon amour extrême !

COLOMBINE

Vous parlez comme Alceste.

ALCOFRIBAS

Et je pense de même
Que ne puis-je mourir d'amour à vos genoux

COLOMBINE (*riant*)

Dans mes bras vaudrait mieux. Mais on vient, sauvons-nous.

Colombine et Alcofribas rencontrent à la porte Pierrette
et Polichinelle qu'ils saluent en sortant

SCÈNE IV

PIERRETTE, POLICHINELLE

POLICHINELLE

Je ne me trompe pas, c'est bien la Colombine.
Et ce cavalcadour d'assez honnête mine

Qui la serrait de près !...

PIERRETTE

Toujours un peu méchant.

POLICHINELLE

Moi, du tout. Mais j'observe et je trouve....

PIERRETTE

En cherchant !

POLICHINELLE

Il n'était pas besoin de chercher, j'imagine
Pour voir ce qui se passe ici, pauvre cousine !

PIERRETTE

Vous croyez ?

POLICHINELLE

J'en suis sûr. Arlequin est un sot !
Il l'a toujours été. Mais le Baron Pierrot
(Un détail imprévu bien souvent vous renseigne)
Avant qu'il soit huit jours, loge à la même enseigne !

PIERRETTE

Et ce sera bien fait

POLICHINELLE

Oh très bien, sûrement.

PIERRETTE

Mais cette Colombine !

POLICHINELLE

Oh pour ça, mon enfant,
Des indignations épargnez-vous la peine :
Elle a le diable au corps, et le diable la mène !

PIERRETTE

Puisse-t-il la mener loin, bien loin de Pierrot !

POLICHINELLE

(A part) Bravo ! *(Haut)* C'est bien aisé. Je me disais tantôt:
Colombine jamais ne se laissera faire :
Un *farniente* charmant, bon gîte, bonne chère
Et le reste ! Il est sûr qu'elle refusera
Et paira mes efforts d'un tradéridéra.
Monsieur le Directeur, va te faire lanlaire !
Je la tenterai bien par le riant tableau
De nos brillants succès, au « Spectacle Nouveau »
Les bravos, les vivats d'un public idolâtre
Qui volent du balcon jusqu'à l'amphithéâtre,
Et les fleurs, les bijoux !... mais bast ! elle est trop bien.
Et de tous mes discours que sortira-t-il ? Rien.
— Et puis, à dire vrai, ce n'est pas une artiste
Comme vous (permettez, Baronne, que j'insiste)
Elle n'a pas le goût, ni l'amour du métier
Le métier de l'amour, ça, c'est une autre affaire ! —
Mais un nouveau caprice à son premier quartier....
Je la tiens à présent !... Mais vous, voyons, ma chère,
Malgré le prime accueil que j'avais dû prévoir,
Vous partirez aussi, j'en ai le ferme espoir ?...

PIERRETTE

Ah ! mon cher Directeur, que vous êtes tenace !
Mais pourquoi ?

POLICHINELLE

Pour tirer l'ennemi de la place,
Et pour donner, faisant d'une pierre deux coups,
Une bonne leçon à Monsieur votre époux.

PIERRETTE

Me venger de Pierrot. Tiens ! ça, c'est une idée !

POLICHINELLE

Fameuse ! *(A part)* Je me sens grandi d'une coudée
Je les tiens toutes deux.

PIERRETTE

Mais tout de suite, alors.
Et nous allons partir pendant qu'ils sont dehors.
Je vais me préparer : décidez la donzelle.

Au moment où Pierrette entre dans sa chambre,
Colombine paraît à la porte du fond

SCÈNE V

POLICHINELLE, COLOMBINE

COLOMBINE

(A part) Que vient donc faire ici ce vieux Polichinelle !
(Haut) Salut au directeur du « Spectacle Nouveau »
Il signor Pulcinella.

POLICHINELLE

Ah ! c'est toi, Colombine.
Tout-à-l'heure en entrant dans ce triste château
J'avais bien sur le seuil cru remarquer ta mine
Toujours délicieuse et fringante, et mutine,
Mais tu n'as pas eu l'air de voir mon vieux museau
Et moi, je ne t'ai pas tiré ma révérence....
Dont je demande à faire humblement pénitence
(Il lui baise la main)

Puis j'ai craint de gêner cet aimable gommeux
Qui.....

COLOMBINE

J'ai bien reconnu le tricorne fameux
De mon vieux professeur de danse et de musique.
Mais moi, d'être discrète avant tout je me pique...
Que viens-tu faire ici, dedans cette maison
Que tu trouves bien triste, avec quelque raison ?
Je n'en sais rien ! Qui donc cherches-tu ?

POLICHINELLE

Toi, ma belle.

COLOMBINE

Tu plaisantes toujours, mon vieux Polichinelle.

POLICHINELLE

Je ne plaisante pas. Nous partons à l'instant.
La Baronne est en train de préparer sa malle.

COLOMBINE

Que me contes-tu là ?

POLICHINELLE

Va vite en faire autant,
Avant que la patronne avec moi ne détale.

COLOMBINE

Tu te moques de moi ?

POLICHINELLE

Moi, pas du tout. Tu ris ?...

COLOMBINE

Oui.

POLICHINELLE

Dans une heure au plus nous serons à Paris.

2

COLOMBINE

Paris ! Alors j'en suis... Une seule prière
J'emmène Alcofribas avec moi ?...

POLICHINELLE, *riant*

Je l'espère.
Je le nomme souffleur au « Spectacle Nouveau »

COLOMBINE

Et nous ?

POLICHINELLE

Vous, mes amours, vous reprenez vos rôles.

COLOMBINE

Eh bien, ma foi, c'est dit !... Tant pis, mais tu m'enjôles.
Arlequin pêchera du matin jusqu'au soir.
Tranquille...

POLICHINELLE

Nous aussi ! Quel triomphe de voir
Ablettes et goujons frétiller dans la nasse !

COLOMBINE

Et les brochets avec ! Il faut que tout y passe.

POLICHINELLE

Bravo ! Mais dépêchons. Emporte sous ton bras
Ton monsieur Alcofi...

COLOMBINE

Monsieur Alcofribas.

POLICHINELLE

Va, pour Alcofribas. Prends tes gants, ta mantille
Tu n'as besoin de rien d'ailleurs : M'ame Camille
La vieille costumière, est là pour te servir.
*(Jean ouvre la grande porte du fond en même temps
que Pierrette sort de sa chambre)*

SCÈNE VI

LES MÊMES, PIERRETTE suivie d'ALCOFRIBAS, JEAN

JEAN

Madame est attelée.

PIERRETTE

Eh bien, il faut partir.

Me voici, Maestro.

POLICHINELLE

Alors vite, en campagne!

PIERRETTE

Monsieur Alcofribas, que voici, m'accompagne.

POLICHINELLE

Tout est donc pour le mieux.

COLOMBINE *riant*

Ah! vraiment, c'est trop fort.

ALCOFRIBAS

Bourget l'a dit : L'Amour est plus fort que la mort !
(Ils sortent tous, sauf Jean)

SCÈNE VII

On entend le roulement d'une voiture

JEAN

Comment, ils sont partis sans prévenir personne !
C'est un manque d'égards qui m'afflige... et m'étonne.
J'avais mis six couverts, Dieu sait avec quels soins !
— Un de plus, de bon compte. — Et c'était trois de moins.
Et si ces deux messieurs suivent la même route,
Je reste seul, avec la consolation
De me flanquer pour eux une indigestion.
Mais voyons le menu. Ce n'est pas que j'hésite !
Pourtant le dévouement lui-même a sa limite...
D'abord, pour commencer, un excellent melon
Qui nous est envoyé par l'ami de Toulon,
Puis, la *purée Crécy*, bon, ce sont des carottes !
Le patron les appelle en riant antidotes
Pourquoi ? Je n'en sais rien. Sur ce potage-là
Je prendrai du Sauterne, ou bien du Marsala.
Voyons le relevé. Les *bouchées à la reine !*
Moi qui les idolâtre. Ah ! ça, c'est une veine !
Puis l'énorme brochet que ce brave Arlequin
Hier au soir, avec moi, pêcha dans le bassin...

SCÈNE VIII

JEAN, ARLEQUIN

ARLEQUIN

Hier, c'était un brochet ; ce soir, c'est une carpe
Il montre dans un filet un gros poisson
Mais je me suis démis, je crois, le métacarpe !

JEAN

Un monstre !

ARLEQUIN

N'est-ce pas ? Mais, mon pauvre garçon,
Que de mal ! Elle avait avalé l'hameçon.
Enfin, espérons-le, cette fois, nos caillettes
Ne m'accuseront plus de pêcher des ablettes !
— Quel pêcheur devant Dieu que Monsieur Arlequin !
Vainqueur d'une épinoche, il l'appelle requin !
Minaudait l'autre jour cette sainte nitouche,
Pierrette... Mon brochet va lui fermer la bouche
Dès ce soir, et demain une carpe Chambord
Que nous arroserons de quelque rouge bord
Les forcera bien tous à me rendre justice !
Avant que l'on m'ait vu, je la porte à l'office.

(Exit)

SCÈNE IX

JEAN

Je n'y comprends plus rien, ma parole d'honneur,
Il ne savait donc pas... *(On entend un coup de fusil)*
Tiens, et l'autre qui chasse !
Quelque pauvre pigeon égaré dans l'espace
Qui se sera posé sur le toit.

SCÈNE X

JEAN, PIERROT

PIERROT *dans la coulisse*
N'ayez peur

L'arme n'est pas chargée (*il entre*). Ah pour le coup, Mesdames,
Il ne me faudra plus chanter les mêmes gammes !
— Quel chasseur devant Dieu ! pendant que le perdreau
Rappelle autour de lui sous les murs du château,
Il va dans les sillons lever une alouette !
Quand il tire un faisan, il tue une fauvette !
— Ah vraiment, vous croyez ? Eh bien, que dites-vous,
Charitables amis, de cette mauviette ?

Il tire de son carnier un coq de bruyère

JEAN

Un monstre !

PIERROT

Au bout du parc, dans un massif de houx
Mon chien trouve une piste, et le voilà qui quête...
Tout-à-coup l'oiseau part, sur l'arrêt de Maroc.
(*Riant*) Je tire une fauvette, et je ramasse un coq !
Enfin, il faudra bien qu'on me rende justice...
Tiens, va m'accrocher ça bien vite dans l'office

(*Jean qui emporte le coq rencontre Arlequin*)

SCÈNE XI

Les Mêmes, ARLEQUIN

ARLEQUIN

Ah ! le bel animal ! (*exit Jean*)

PIERROT

N'est-ce pas ? C'est Maroc
Qui me l'a fait tuer. Eh bien, et cette pêche ?

ARLEQUIN

Ma carpe, cher ami, ne doit rien à ton coq !

PIERROT

Bon. Si nous retombons quelque jour dans la dèche,
Nous tirerons parti de nos petits talents.

ARLEQUIN

En attendant, Baron, voilà les éléments
D'un festin merveilleux pour nos jeunes poulettes...
Mais on ne les voit pas ?

-PIERROT

Que veux-tu, ces toilettes,
C'est à n'en plus finir.
Roulement d'une voiture qui rentre
Tiens, Paul était sorti ?
A Jean qui vient de rentrer
A quelle heure, avec qui Paul est-il donc parti ?

JEAN

Je ne sais pas.

PIERROT

Comment, tu ne sais pas? C'est drôle.
Tu ne sais pas où sont ces dames ?

JEAN

Non, parole...
Ces dames ne sont pas ici.....
Entre Paul

SCÈNE XII

LES MÊMES, PAUL

PAUL

J'ai mission
De dire à ces messieurs de ne pas les attendre

PIERROT

Mais qui donc t'a donné cette commission ?

ARLEQUIN (*en même temps*)

Mais où sont-elles donc ? Pourrais-tu nous l'apprendre ?

PAUL

A Paris.

PIERROT ET ARLEQUIN

A Paris !

PIERROT

Toutes seules ?

PAUL

Non pas.
Elles ont emmené Monsieur Alcofribas

PIERROT

Mais qui t'a dit de nous porter cette nouvelle ?
Qui donc t'en a chargé !

PAUL

Monsieur Polichinelle

PIERROT ET ARLEQUIN *abasourdis*

Polichinelle !...

(*Ils s'affaissent chacun sur une chaise. Pierrette entr'ouvre la porte
de sa chambre à coucher et prête l'oreille*)

PAUL à JEAN *à demi-voix*

Viens, mon vieux, retirons-nous
On sonne le dîner

JEAN

Allons nous mettre à table, alors.

PAUL *même jeu, après avoir jeté alternativement les yeux sur
Pierrot et sur Arlequin*

Que voulez-vous !
C'est la fatalité, mot grec !... Eh bien, à table !...
Car les femmes enfin ne valent pas le diable !

Exeunt

SCÈNE XIII

PIERROT, ARLEQUIN, PIERRETTE *dans sa chambre dont elle
entr'ouvre par moment la porte*

PIERRETTE

Je suis là ! Grâce au train, arrivée assez tôt
Pour goûter de plus près ma vengeance !...

PIERROT *relevant la tête*

Polichinelle, lui ! Cet extrait, cette essence
De tout le vice humain !

ARLEQUIN

Moi, je dirai plutôt
Que c'est tout bonnement un gibier de potence !

PIERROT

Polichinelle!... c'est le parangon du mal
Un être fait de boue et de crachat !

ARLEQUIN

Vénal!

PIERROT

Menteur !

ARLEQUIN

Buveur!

PIERROT

Voleur!

ARLEQUIN

Enfin, un animal !

PIERROT

Un chien !

ARLEQUIN

Un loup cervier ?

PIERROT

Un cheval de carrosse !

ARLEQUIN

Si jamais je te tiens, je t'aplatis ta bosse
A grands coups de bâton!

PIERROT

Celle du dos, parfait.
Car je couperai l'autre !...

ARLEQUIN

Et ce sera bien fait !

PIERROT

Ma Pierrette ! tombée entre de telles pattes

PIERRETTE *derrière la porte de sa chambre*

Tiens, il m'aime toujours !

ARLEQUIN

De tous les acrobates
Le plus vil a ravi, sans craindre mon courroux !
Colombine fidèle à son fidèle époux.

PIERRETTE *même jeu*

Colombine fidèle !

PIERROT

Oui, tu dis bien, fidèle.
Car depuis la leçon de la Fée, en ces lieux
Nous avons tous été fidèles, donc heureux !

PIERRETTE *même jeu*

Mais alors qu'est-ce donc que ce Polichinelle ?

ARLEQUIN *pleurant*

Colombine !

PIERROT *même jeu*

Pierrette !

PIERRETTE

Un monstre, un vieux coquin !

ARLEQUIN

J'en mourrai de douleur !

PIERRETTE

Ah ! mon pauvre Arlequin
Qu'ai-je fait ! Mais ce Punch ! L'abominable drôle !

ARLEQUIN

Colombine à présent m'aimait comme une folle !

PIERROT

Et moi donc, ma Pierrette !

PIERRETTE

Ah ! le sot animal !
Courons vite. Il s'agit de réparer le mal.

Elle referme sa porte

SCÈNE XIV

PIERROT, ARLEQUIN

PIERROT (*se dressant tout à coup*)

Or ça, que faisons-nous, pleurnicheurs que nous sommes
Voyons donc ! Sommes-nous des daims, ou bien des hommes
Avons-nous quelque chose à la place du cœur ?
On vole nos moitiés, notre part de bonheur,
Et nous nous lamentons comme des femmelettes ?

ARLEQUIN *se dressant, même jeu*

Marchons ! On dit que pour faire des omelettes
Il faut casser des œufs..... ah ! nous en casserons !
Et puis nous les battrons, brouillerons, salerons...
Et, si ce n'est assez, nous les avalerons !

PIERROT

Moi, je prends mon fusil ; tu vois cette cartouche !
Elle sera logée au cœur de ce Cartouche
Avant demain matin, je t'en fais le serment.

ARLEQUIN

Je te crois, mon ami : c'est parler bravement.

Je me contenterai, moi, de prendre ma batte

Et malheur au coquin s'il tombe sous ma patte !

PIERROT

Prendrons-nous l'omnibus, le train ou le landau ?

ARLEQUIN

Prenons le train : la gare est si près du château.

PIERROT

C'est l'heure de l'express. .

ARLEQUIN

C'est l'heure de la danse !

Et pour que Némésis, cette vieille Vengeance,

Plus prompte que l'éclair tombe sur cette engeance,

O moderne progrès, prête-nous ta vapeur.

Ils s'apprêtent à sortir, Pierrot armé de son fusil, le doigt sur la détente, Arlequin brandissant sa batte dont il porte de grands coups dans le vide.

PIERROT *emboîtant le pas à Arlequin*

Voici les justiciers du droit et de l'honneur !

SCÈNE XV

Les Mêmes, PIERRETTE

PIERRETTE

Eh mon Dieu, Arlequin, et toi, Pierrot.....

PIERROT ET ARLEQUIN *ensemble*

Pierrette !

PIERRETTE

Où courez-vous ainsi ? (*riant*) Mon Dieu, quelle binette !

PIERROT *tragique*

Pierrette, d'où viens-tu ?

PIERRETTE

De ma chambre, tu vois.

PIERROT *troublé*

Mais vous étiez sortis, en carrosse, tous trois ?

PIERRETTE

Tous quatre, car tantôt, au sortir de la table,
L'ami Punch est venu, qui, d'un air lamentable,
Nous a dit que Cassandre était au lit de mort
Et qu'il mandait sa fille auprès de lui...

PIERROT *joyeux, à demi-voix*

Quel tort
De juger sans savoir !

ARLEQUIN

Ah ! grand Dieu, je respire !

PIERROT *intéressé*

Quoi, ce pauvre Cassandre ?...

PIERRETTE

Oui, je crois qu'il expire.
Mais l'on espère encore, et, dans ce hourvari,
Moi, je n'ai pas voulu t'inquiéter, chéri :
J'ai laissé Colombine, emportant l'assurance
De son retour, sitôt qu'elle en aura licence.

PIERROT

Ma Pierrette est un ange !

ARLEQUIN

Et d'un esprit parfait !
Elle a voulu rentrer, et, certe, elle a bien fait...
Pourtant nous n'avions pas l'ombre d'inquiétude,
N'est-ce pas ?

PIERROT

Oui et non. Car ma sollicitude...

PIERRETTE

Va, je l'ai bien compris.

PIERROT

D'autant que le cocher...

ARLEQUIN *interrompant*

Nous l'avons joliment envoyé se coucher !

PIERROT

Est venu nous conter une histoire impossible.

PIERRETTE

Ce vieux farceur de Punch, il est incorrigible !

PIERROT

Oh oui !

PIERRETTE

Mais avec ça rempli de dévouement ;
Il aime Colombine !

ARLEQUIN

Ah ! véritablement !

Comme un père.

PIERROT *entre ses dents*

Vraiment !

ARLEQUIN

Mais dis-moi donc, Pierrette,
Je ne voudrais pas trop qu'elle revint seulette…

PIERRETTE

Alcofribas est là.

ARLEQUIN

Mais le chemin de fer
N'a pas de train la nuit…

PIERRETTE

Sois tranquille, mon cher,
J'ai déjà renvoyé le landau.

ARLEQUIN

Ma parole,
Je me pends, si jamais elle perd la boussole !

PIERROT

Mais tu dois, chère amie, être morte à la fin
De fatigue…

PIERRETTE

C'est vrai, de fatigue et de faim !

PIERROT

De faim !

ARLEQUIN

Et nous aussi !

PIERROT (*on entend la voiture qui rentre*)

Tiens, j'entends la voiture

PIERRETTE (*à demi-voix*)

J'ai réussi ! Voici la fin de l'aventure !

ARLEQUIN

La voiture, tant mieux, c'est très bon signe.

SCÈNE XVI

Les Mêmes, COLOMBINE, ALCOFRIBAS, POLICHINELLE

PIERRETTE, PIERROT, ARLEQUIN, *qui se précipitent à leur*
rencontre

Eh bien ?...

COLOMBINE

Mon père va bien mieux, et ça ne sera rien.
Nous avons amené Monsieur Polichinelle
Qui n'a jamais voulu m'abandonner...

POLICHINELLE

Ma belle,

J'ai dû vous enlever si vite de chez vous
Et si péniblement, qu'il me paraît bien doux
De vous y ramener sous de meilleurs auspices.

COLOMBINE

Comme il ment !

POLICHINELLE

Les destins me seront plus propices
Une autre fois. Adieu... Je veux dire *au revoir !*
Fausse sortie

PIERROT

Un instant, Monseigneur ! certe, il ferait beau voir

Que notre vieux doyen, le Grand Polichinelle
Au seuil de mon château secouât sa semelle,
Sans s'être assis à table avec le grand Pierrot !
Et ces dames, mon bon, couple à jamais illustre
Qui sur la compagnie a jeté quelque lustre !
Sans oublier aussi le fameux Arlequin !

ARLEQUIN

A la bonne heure !

PIERROT

Jean !... où donc est ce coquin ?

SCÈNE XVII

Les Mêmes, JEAN

PIERROT

Le dîner est servi ?

JEAN

Certes, depuis une heure !
Mais les chats ont mangé le brochet, que je meure !
Et tout le reste est froid.

PIERROT

Ça nous est bien égal
Avons-nous pas mon coq ?

ARLEQUIN

Et ma carpe ?

PIERROT

Animal !

Décroche en attendant une paire d'andouilles,
Une langue, un jambon...

ARLEQUIN

Surtout, beaucoup de nouilles.

PIERROT

Et toi, prends ce flambeau, vaillant Alcofribas !
Marche droit à la cave, allonge tes grands bras
Par dessus les chantiers, par dessus les futailles,
Baisse-toi, sans te faire au front quelques entailles,
Et saisis vivement derrière les fagots
Le Pommard, le Corton, le Rozan, le Margaux
(On sonne le dîner)
— C'est la cloche. — Je veux boire à nos chères femmes.
(Exit Alcofribas)
Vous avez entendu, messieurs, la main aux dames !

POLICHINELLE

Permettez ! Sans broncher, j'accepte ton cartel,
Baron. Mais à ton tour, dans huit jours, à l'hôtel,
Vous venez tous ?

PIERROT

C'est dit.

POLICHINELLE

Et le soir, Pantomime !

PIERROT

C'est dit.

PIERRETTE

Oui, mais au fond la requête est minime ;
Je demanderais plus pour moi, si je l'osais.

PIERROT

Ose. Je m'en voudrais, si je te refusais.

PIERRETTE

Nous voudrions rester au moins une semaine.
Un seul jour, mon ami, c'est moins plaisir que peine.

PIERROT

Et si l'on s'installait pour toute la saison ?
J'ai réfléchi.

POLICHINELLE

Bravo, le baron a raison !

PIERROT

Si ces dames pourtant veulent me laisser faire ?

COLOMBINE

La proposition n'est pas pour nous déplaire.

PIERROT

Et nous nous abonnons au « Spectacle Nouveau »
Avec un jour de Loge à l'Opéra.

POLICHINELLE

Bravo.
(à demi-voix) S'ils viennent à Paris d'une manière ou d'autre
Je les tiens.

PIERRETTE *à demi-voix*

Pas encor, monsieur le bon Apôtre

POLICHINELLE

Mais vous avez gagné la bataille du coup.

PIERRETTE

Nous passerons l'hiver à Paris, voilà tout.

Nous nous verrons souvent, à la ville, au Spectacle
Avec nos chers maris...

POLICHINELLE

Je n'y mets pas d'obstacle

Mais.....

SCÈNE XVIII

LES MÊMES, ALCOFRIBAS

ALCOFRIBAS

Je viens d'en bas, où le coq embroché
Tourne, avec une odeur dont je suis alléché,
Devant un grand feu clair qui peu-à-peu le dore !

POLICHINELLE

Le rôti fait au bois, voilà ce que j'adore !

ARLEQUIN

Et ma carpe ?

ALCOFRIBAS

Elle va, grâce à ce bon vin vieux
Qui porte dignement le doux nom de *Larose*...

ARLEQUIN

Connu !

ALCOFRIBAS

Sous la truelle étaler à vos yeux
Dans un reflet bleuâtre une chair blanche et rose !

COLOMBINE

Bravo, le Majordome !

PIERROT

Et bravo, l'échanson !

ALCOFRIBAS

J'ai pris du Roederer en plus pour la chanson,
Et du rhum pour le punch, dont j'adore les flammes!

ARLEQUIN

Les flammes, c'est son fait !

COLOMBINE

Vraiment, il pense à tout.

PIERROT

Vous avez entendu : c'est le deuxième coup.
Pour la deuxième fois je dis : la main aux dames.
(*Polichinelle donne la main à Pierrette, Pierrot donne la main à
Colombine. Ils se font des politesses*)

PIERROT

Après vous ?

POLICHINELLE

Après vous ?

PIERROT

Non, je n'en ferai rien.

PIERRETTE

Commençons donc alors, monsieur Polichinelle :
Il est temps de diner !

POLICHINELLE

A vos ordres, ma belle,
Tout est bien qui commence...

PIERRETTE

Et surtout finit bien !

FIN